Impressum
Verlag: BABADADA GmbH, Nedderfeld 112 , 22529 Hamburg
Geschäftsführer / Verlagsleitung: Harald Hof
Druck: Books on Demand GmbH, In de Tarpen 42, 22848 Norderstedt

Imprint
Publisher: BABADADA GmbH, Nedderfeld 112 , 22529 Hamburg, Germany
Managing Director / Publishing direction: Harald Hof
Print: Books on Demand GmbH, In de Tarpen 42, 22848 Norderstedt, Germany

skola

школа

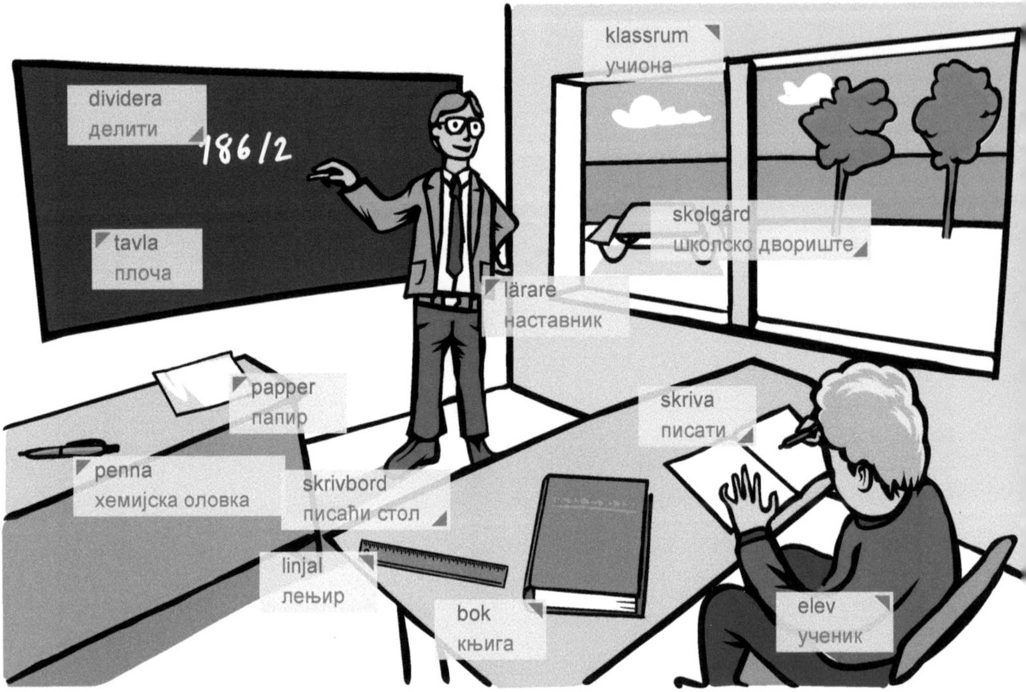

klassrum
учиона
dividera
делити
186/2
tavla
плоча
skolgård
школско двориште
lärare
наставник
papper
папир
skriva
писати
penna
хемијска оловка
skrivbord
писаћи стол
linjal
лењир
bok
књига
elev
ученик

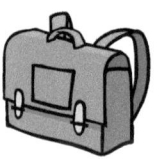

skolväska

торба

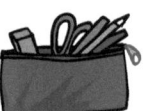

pennfodral

перница

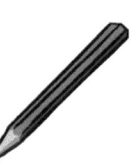

blyertspenna

графитна оловка

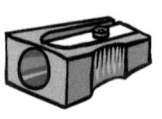

pennvässare

шиљило за оловке

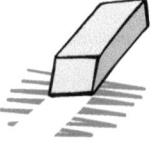

suddgummi

гумица за брисање

ritblock

блок за цртање

teckning

цртеж

penϲel

кист

målarlåda

кутија са бојама

sax

маказе

lim

лепило

övningsbok

бележница

hemläxa

домаћи задатак

tal

број

addera

сабирати

subtrahera

одузимати

multiplicera

множити

räkna

рачунати

bokstav

слово

alfabet

абецеда

ord

реч

text

текст

läsa

читати

krita

креда

lektion

час

register

дневник

prov

испит

intyg

сведочанство

skoluniform

школска униформа

utbildning

образовање

uppslagsverk

лексикон

universitet

универзитет

mikroskop

микроскоп

karta

карта

papperskorg

кошара за папир

resa

путовање

hotell
хотел
Grand
vandrarhem
преноћиште
ROOMS
växelkontor
мењачница
resväska
кофер
bil
ауто

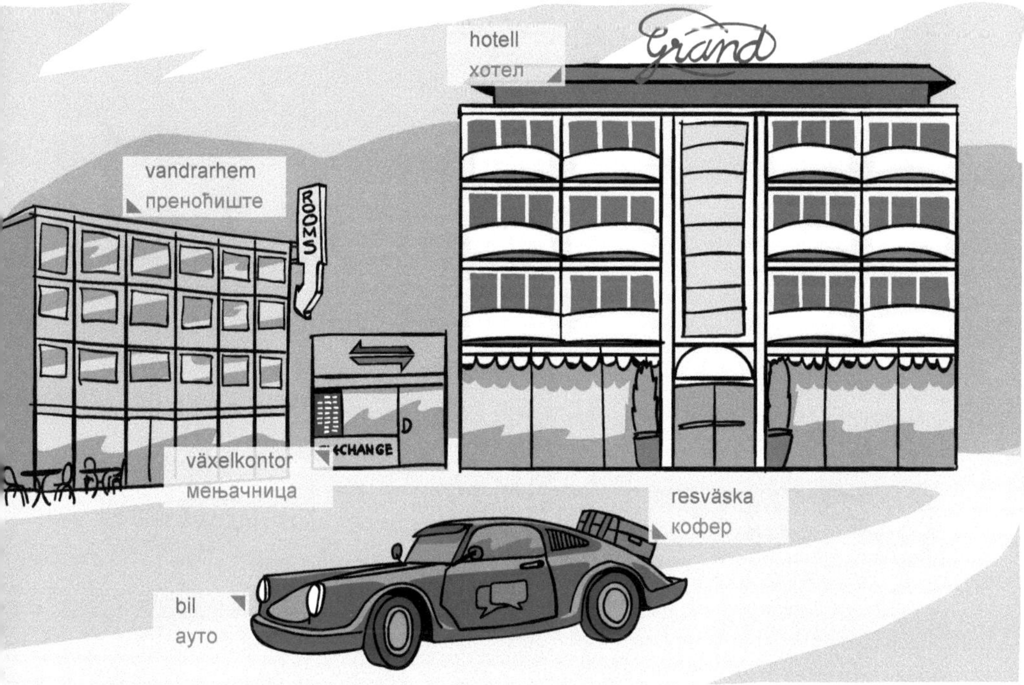

språk

језик

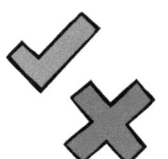

ja / nej

да / не

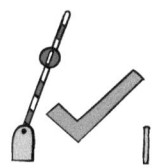

Okay

океј

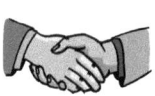

hej

здраво

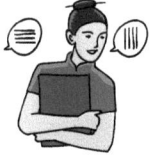

översättare

преводилац

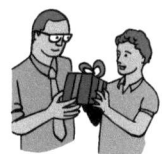

Tack

хвала

hur mycket kostar...?

Колико кошта...?

jag förstår inte

не разумем

problem

проблем

God kväll!

добро вече!

God morgon!

Добро јутро!

God natt!

Лаку ноћ!

hejdå

довиђења

riktning

смер

bagage

пртљага

väska

торба

ryggsäck

руксак

gäst

гост

rum

соба

sovsäck

врећа за спавање

tält

шатор

turistinformation

туристичке информације

strand

плажа

kroditkort

кредитна картица

frukost

доручак

lunch

ручак

middag

вечера

biljett

карта за вожњу

hiss

лифт

frimärke

поштанска маркица

gräns

граница

tull

царина

ambassad

амбасада

visum

виза

pass

пасош

transport

транспорт

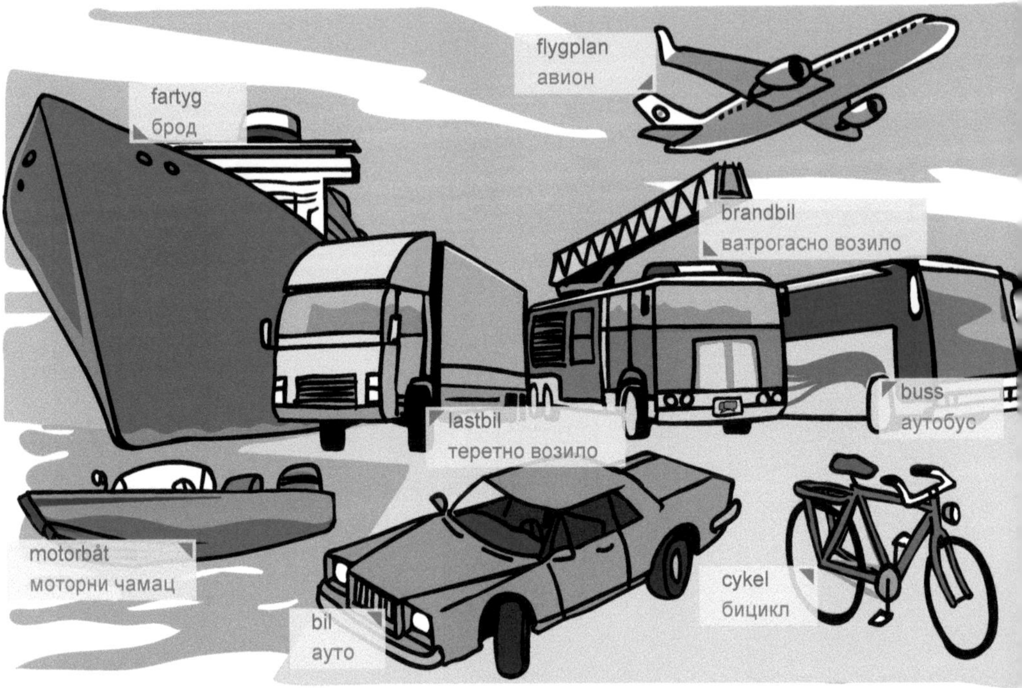
flygplan
авион
fartyg
брод
brandbil
ватрогасно возило
buss
аутобус
lastbil
теретно возило
motorbåt
моторни чамац
cykel
бицикл
bil
ауто

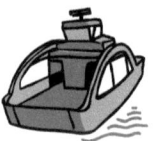

färja

трајект

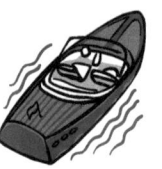

båt

чамац

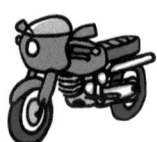

motorcykel

мотоцикл

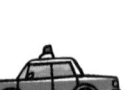

polisbil

полицијски ауто

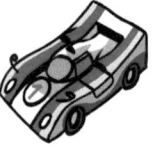

racerbil

тркаћи ауто

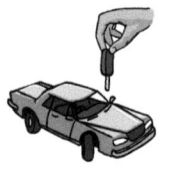

hyrbil

изнајмљено ауто

bilpool

дељење аутомобила

bärgningsbil

вучно возило

sopbil

возило за одвоз смећа

motor

мотор

bränsle

бензин

bensinstation

бензинска станица

vägmärke

саобраћајни знак

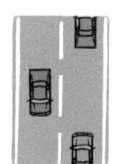

trafik

саобраћај

bilkö

застој

parkeringsplats

паркиралиште

tågstation

железничка станица

räls

шине

tåg

воз

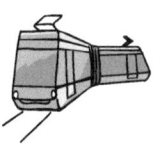

spårvagn

трамвај

vagn

вагон

helikopter

хеликоптер

flygplats

аеродром

torn

кула

passagerare

путник

container

контејнер

kartong

картон

vagn

колица

korg

корпа

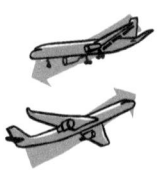

starta / landa

узлетети / слетети

stad

град

by

село

centrum

центар града

hus

кућа

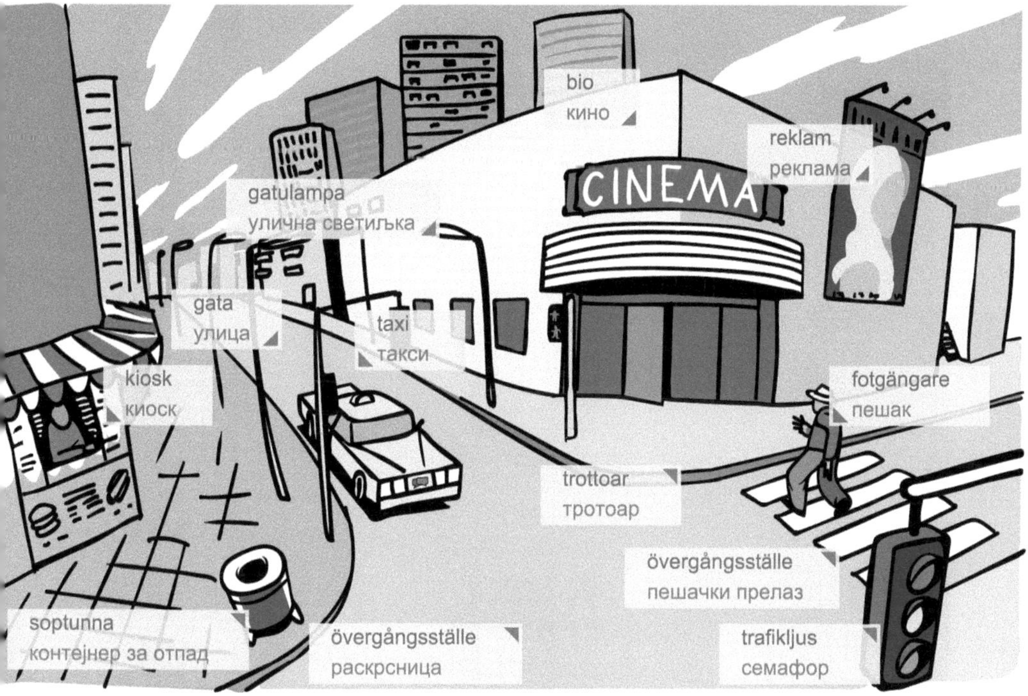

bio
кино

reklam
реклама

gatulampa
улична светилька

CINEMA

gata
улица

taxi
такси

kiosk
киоск

fotgängare
пешак

trottoar
тротоар

övergångsställe
пешачки прелаз

soptunna
контејнер за отпад

övergångsställe
раскрсница

trafikljus
семафор

stuga

колиба

lägenhet

стан

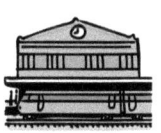

tågstation

железничка станица

stadshus

већница

museum

музеј

skola

школа

universitet

универзитет

bank

банка

sjukhus

болница

hotell

хотел

apotek

апотека

kontor

канцеларија

bokhandel

књижара

affär

продавница

blomsterbutik

цвећара

stormarknad

супермаркет

marknad

трг

varuhus

робна кућа

fiskhandlare

рибарница

köpcentrum

трговачки центар

hamn

лука

park

парк

bänk

клупа

brygga

мост

trappa

степенице

tunnelbana

подземна железница

tunnel

тунел

busshållplats

аутобуска станица

bar

бар

restaurang

ресторан

brevlåda

поштанско сандуче

gatuskylt

улични знак

parkeringsautomat

паркирни аутомат

zoo

зоолошки врт

simbassäng

базен

moské

џамија

bondgård

сеоско газдинство

förorening

загађење околине

kyrkogård

гробље

kyrka

црква

lekplats

игралиште

tempel

храм

landskap

пејсаж

löv
лист

vägskylt
путоказ

väg
пут

äng
ливада

sten
камен

träd
дрво

liftare
шетач

flod
река

gräs
трава

blomma
цвет

dal
долина

kulle
планина

sjö
језеро

skog
шума

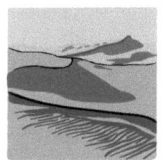

öken
пустиња

vulkan
вулкан

slott
дворац

regnbåge
дуга

svamp
гљива

palm
палма

mygga
москито

fluga
мува

myra
мрав

bi
пчела

spindel
паук

landskap - пејсаж

skalbagge

буба

groda

жаба

ekorre

веверица

igelkott

јеж

hare

зец

uggla

сова

fågel

птица

svan

лабуд

vildsvin

дивља свиња

rådjur

јелен

älg

лос

damm

насип

vindkraftverk

ветрењача

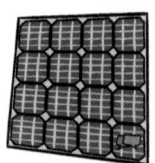

solcellspanel

соларна плоча

klimat

клима

restaurang
ресторан

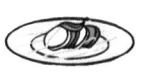

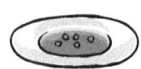

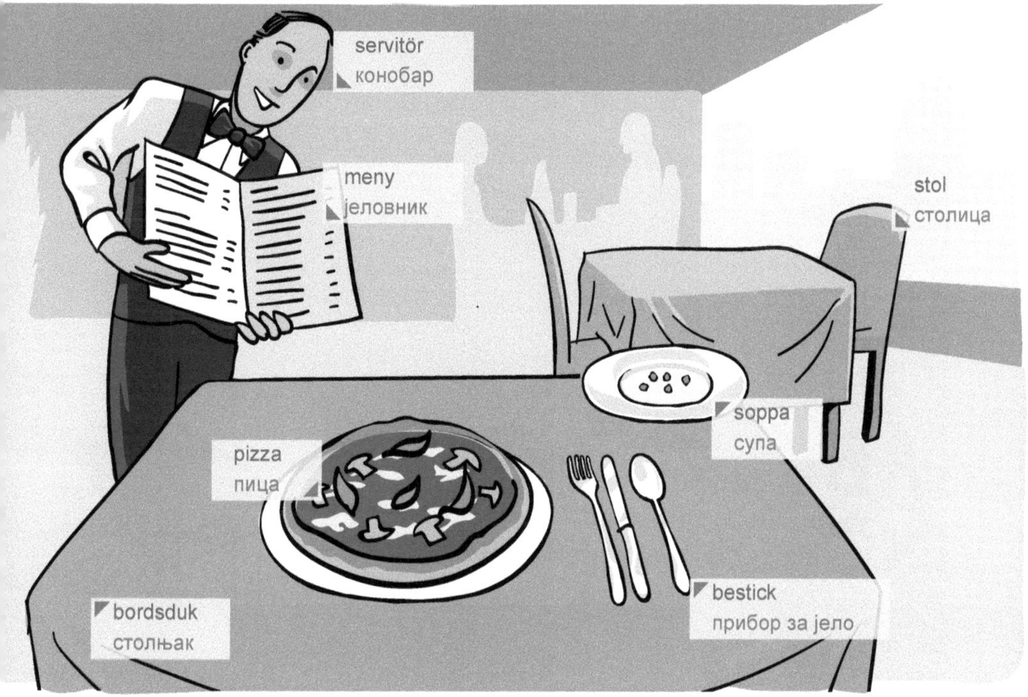
servitör
конобар
meny
јеловник
stol
столица
soppa
супа
pizza
пица
bestick
прибор за јело
bordsduk
столњак

förrätt

предјело

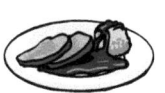

huvudrätt

главно јело

dessert

десерт

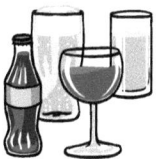

drycker

напитци

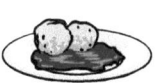

mat

јело

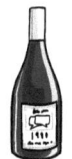

flaska

флаша

snabbmat

брза храна

street food

имбис храна

tekanna

чајник

sockerskål

доза за шећер

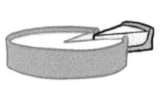

portion

порција

espressomaskin

апарат за еспресо

barnstol

висока столица

räkning

рачун

bricka

послужавник

kniv

нож

gaffel

виљушка

sked

кашика

tesked

чајна кашика

servett

салвета

glas

чаша

restaurang - ресторан

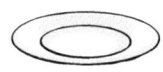

tallrik

тањир

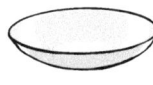

sopptallrik

тањир за супу

tefat

тањирић

sås

сос

saltkar

сољенка

pepparkvarn

млин за бибер

vinäger

сирће

olja

уље

kryddor

зачини

ketchup

кечап

senap

сенф

majonnäs

мајонеза

stormarknad

супермаркет

specialerbjudande
понуда
FOR
kund
купац
mejeriprodukter
млечни производи
frukt
воће
varukorg
колица за куповину

BUTCHERS

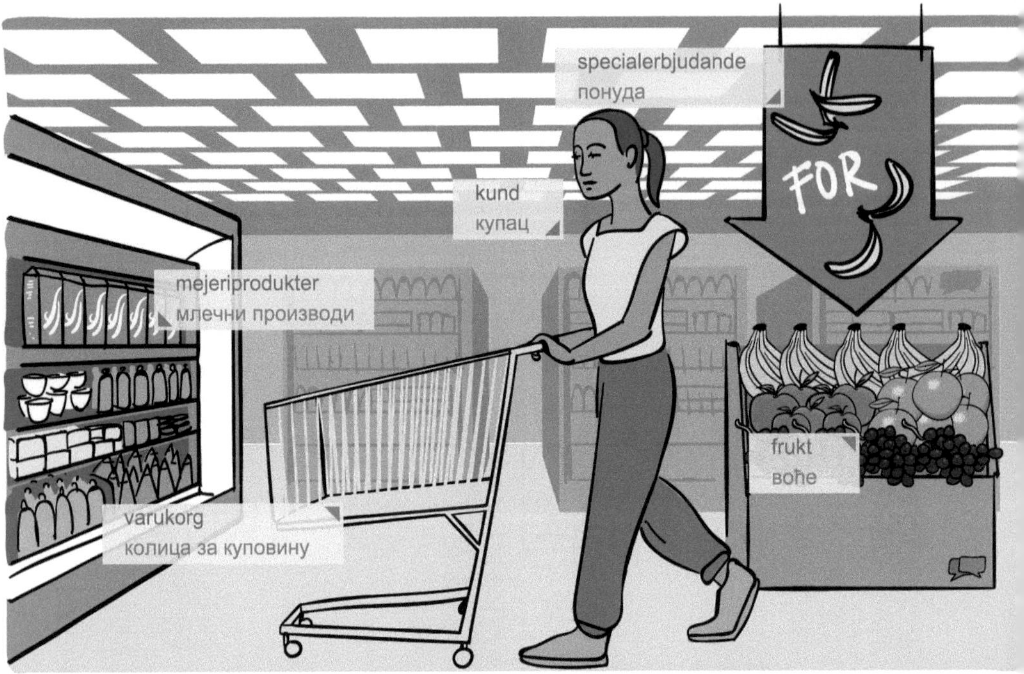

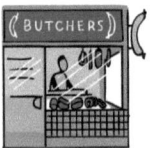

charkuteri

месница

BAKERY

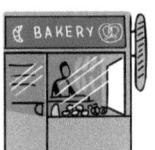

bageri

пекара

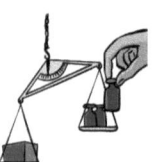

väga

вагати

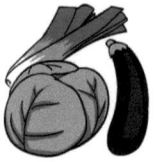

grönsaker

поврће

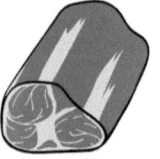

kött

месо

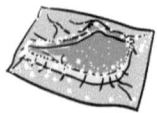

frysta livsmedel

смрзнута храна

pålägg

нарезак

konserver

конзерве

tvättmedel

средство за прање

godis

слаткиши

hushållsprodukter

артикли за домаћинство

rengöringsmedel

средства за чишћење

försäljare

продавачица

kassa

благајна

kassör

благајник

inköpslista

листа за куповину

öppettider

време рада

plånbok

новчаник

kreditkort

кредитна картица

väska

торба

plastpåse

пластична кеса

vatten

вода

juice

сок

mjölk

млеко

cola

кола

vin

вино

öl

пиво

alkohol

алкохол

kakao

какао

te

чај

kaffe

кава

espresso

еспресо

cappuccino

капућино

banan

банана

äpple

јабука

apelsin

наранџа

melon

лубеница

citron

лимун

morot

шаргарепа

vitlök

бели лук

bambu

бамбус

lök

лук

svamp

гљива

nötter

орашасти плодови

nudlar

резанци

spaghetti

шпагете

ris

рижа

sallad

салата

pommes frites

помфрит

stekt potatis

печени крумпир

pizza

пица

hamburgare

хамбургер

smörgås

сендвич

schnitzel

шницла

skinka

шунка

salami

салама

korv

кобасица

kyckling

кокош

stek

печење

fisk

риба

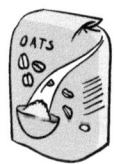

havregryn

зобене пахуљице

müsli

мусли

cornflakes

кукурузне пахуљице

mjöl

брашно

croissant

кроасан

fralla

пециво

bröd

хлеб

rostat bröd

тоаст

kex

кекси

smör

маслац

kvarg

свежи сир

kaka

колач

ägg

jaje

stekt ägg

jaje на око

ost

сир

glass

сладолед

socker

шећер

honung

мед

sylt

мармелада

nougatkräm

нугат крема

curry

кари

bondgård
сеоско газдинство

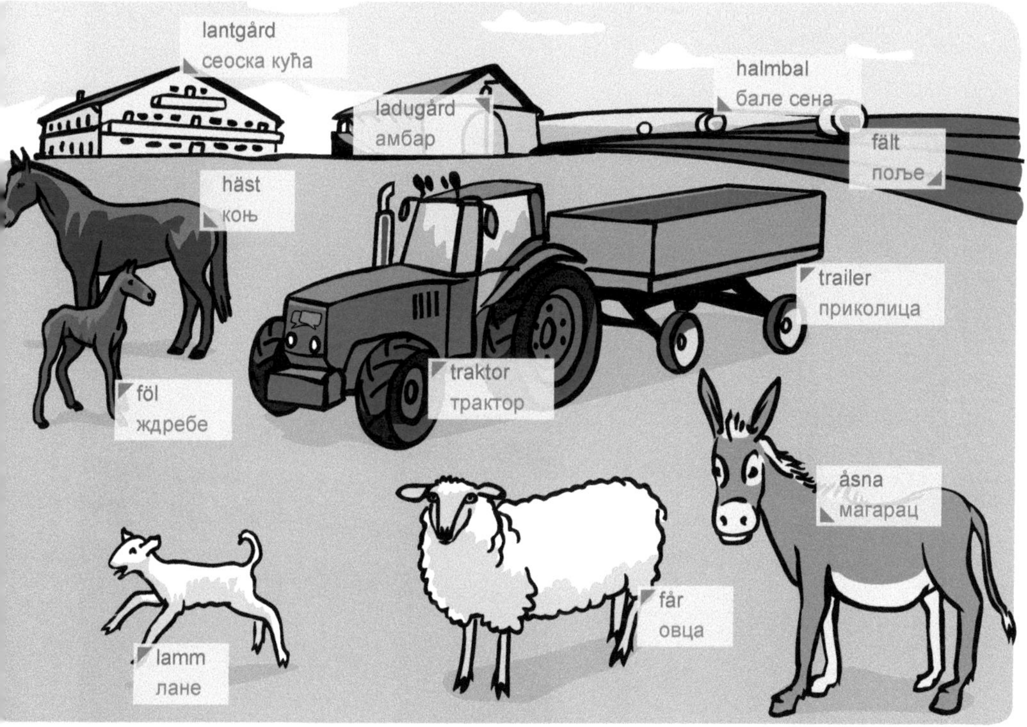
lantgård
сеоска кућа
ladugård
амбар
halmbal
бале сена
fält
поље
häst
коњ
trailer
приколица
traktor
трактор
föl
ждребе
åsna
магарац
får
овца
lamm
лане

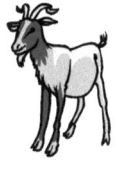

get
коза

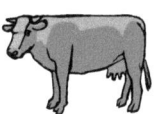

ko
крава

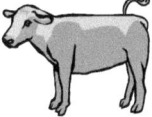

kalv
теле

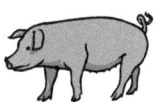

gris
свиња

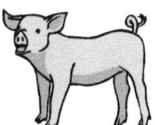

griskulting
прасе

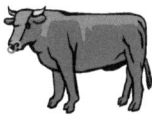

tjur
бик

gås

гуска

anka

патка

kyckling

пилићи

höna

кокош

tupp

петао

råtta

пацов

katt

мачка

mus

миш

oxe

вол

hund

пас

hundkoja

кућица за пса

trädgårdsslang

вртно црево

vattenkanna

канта за поливање

lie

коса

plog

плуг

skära

срп

hacka

мотика

högaffel

виљушка за ђубриво

yxa

секира

skottkärra

тачке

tråg

корито

mjölkflaska

посуда за млеко

säck

врећа

staket

ограда

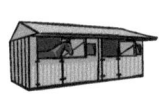

stall

штала

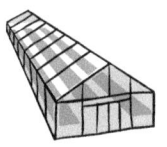

växthus

стакленик

jord

земља

säd

семе

gödsel

ђубриво

skördetröska

комбајн

skörda

жети

skörd

жетва

jams

jамс зачин

vete

пшеница

soja

соja

potatis

крумпир

majs

кукуруз

raps

уљана репица

fruktträd

воћка

maniok

гомољ маниоке

spannmål

житарице

hus
кућа

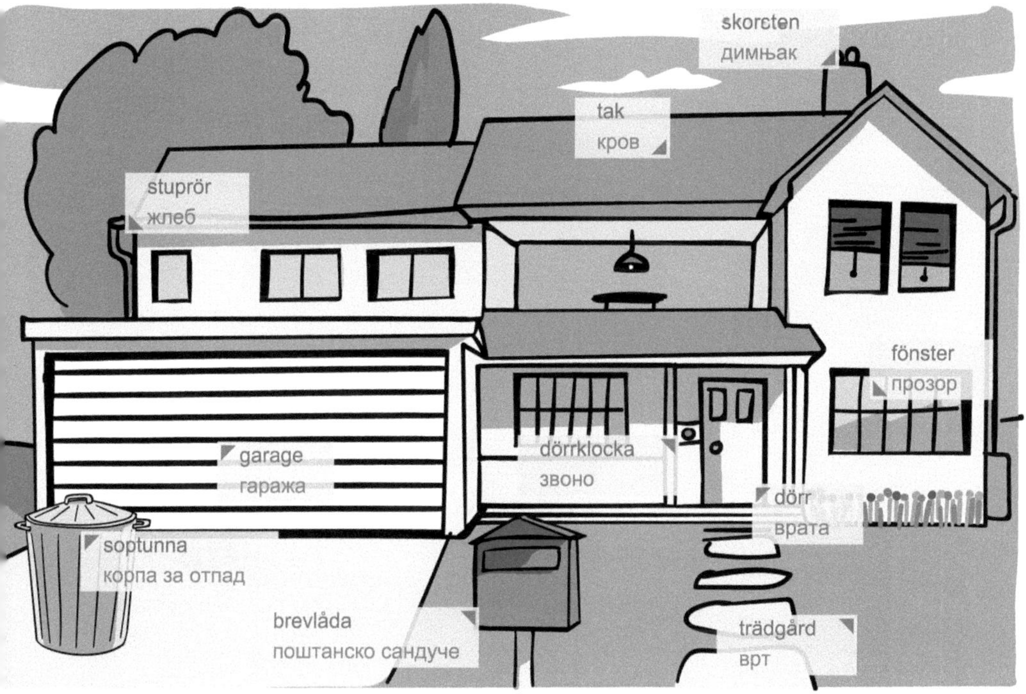
skorcten
димњак
tak
кров
stuprör
жлеб
fönster
прозор
garage
гаража
dörrklocka
звоно
dörr
врата
soptunna
корпа за отпад
brevlåda
поштанско сандуче
trädgård
врт

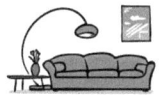

vardagsrum

дневна соба

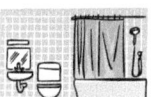

badrum

купаоница

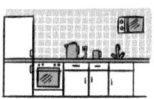

kök

кухиња

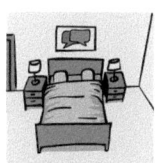

sovrum

спаваћа соба

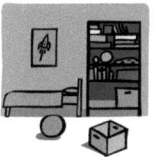

barnrum

дечија соба

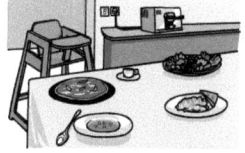

matsal

трпезарија

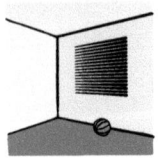

golv

под

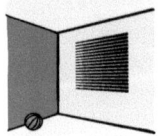

vägg

зид

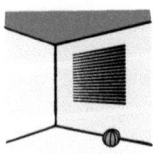

tak

строп

källare

подрум

bastu

сауна

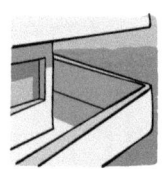

balkong

балкон

terrass

тераса

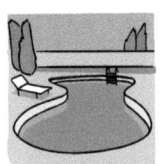

bassäng

базен

gräsklippare

косилица за траву

lakan

постељина за кревет

överkast

дека за кревет

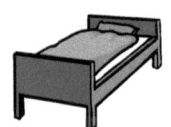

säng

кревет

kvast

метла

hink

канта

strömbrytare

прекидач

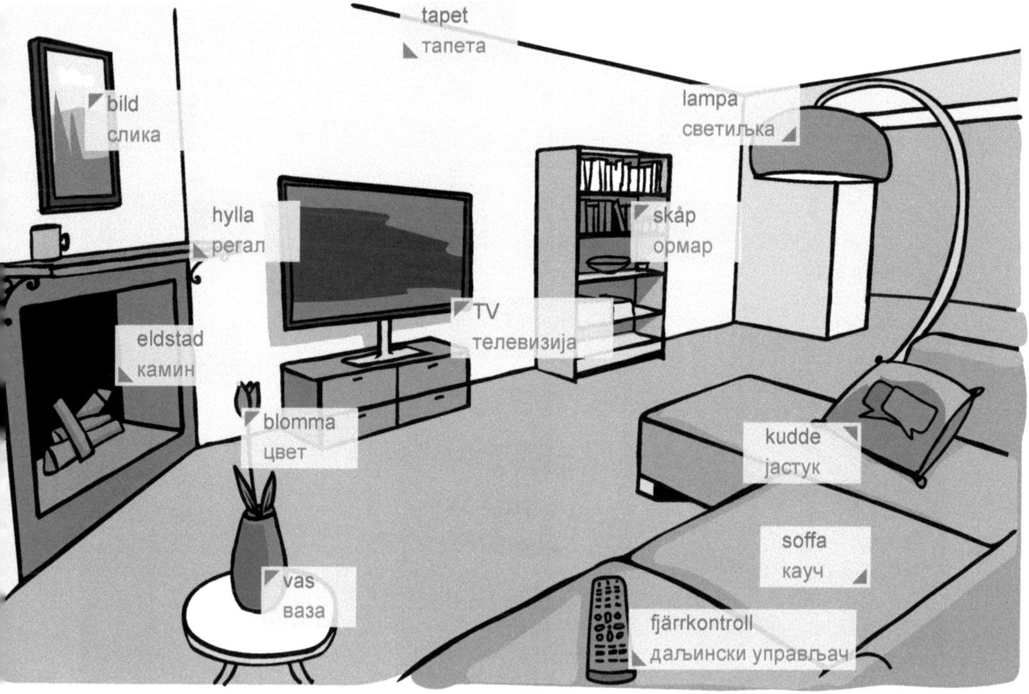

tapet
тапета

bild
слика

lampa
светиљка

hylla
регал

skåp
ормар

eldstad
камин

TV
телевизија

blomma
цвет

kudde
јастук

soffa
кауч

vas
ваза

fjärrkontroll
даљински управљач

matta

тепих

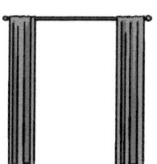

gardin

завеса

bord

сто

stol

столица

gungstol

столица за њихање

fåtölj

фотеља

bok

књига

filt

дека

dekoration

декорација

vedträ

дрво за огрев

film

филм

stereoanläggning

хи-фи уређај

nyckel

кључ

dagstidning

новине

målning

слика на платну

poster

постер

radio

радио

anteckningsbok

блок за писање

dammsugare

усисивач

kaktus

кактус

stearinljus

свећа

kök

кухиња

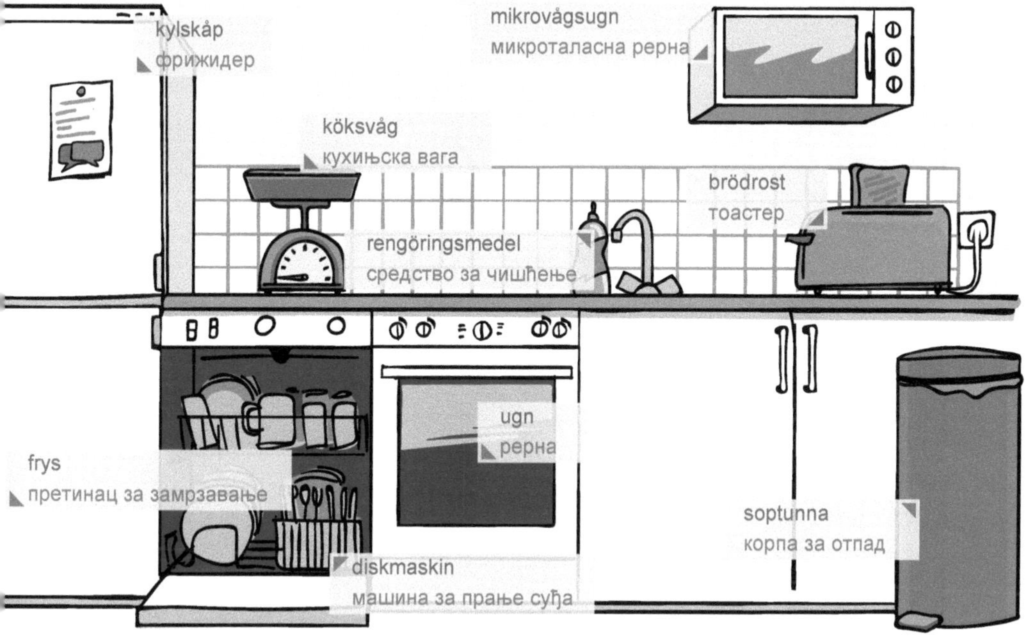
kylskåp
фрижидер
mikrovågsugn
микроталасна рерна
köksvåg
кухињска вага
brödrost
тоастер
rengöringsmedel
средство за чишћење
ugn
рерна
frys
претинац за замрзавање
soptunna
корпа за отпад
diskmaskin
машина за прање суђа

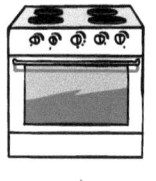

spis

шпорет

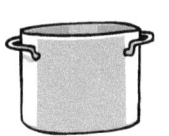

kastrull

лонац

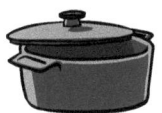

järngryta

гвоздени лонац

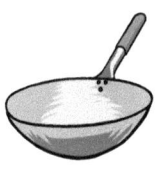

wok / kadai

вок / кадаи

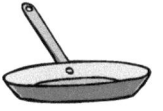

stekpanna

тава

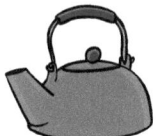

vattenkokare

кувало за воду

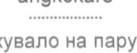

ångkokare

кувало на пару

bakplåt

лим за печење

porslin

посуђе

mugg

чаша

skål

посуда

ätpinnar

штапићи за јело

soppslev

кутлача

stekspade

лопатица

visp

пењача

durkslag

сито за кување

sil

сито

rivjärn

рибеж

mortel

мужар

grill

роштиљ

brasa

огњиште

skärbräda

даска

kavel

оклагија

korkskruv

вадичеп

burk

конзерва

burköppnare

отварач конзерви

grytlapp

крпа за лонац

vask

судопер

borste

четка

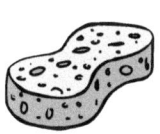

svamp

сунђер

mixer

миксер

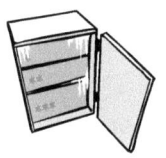

frys

замрзивач

nappflaska

флашица за бебе

kran

славина за воду

badrum

купаоница

värme
грејање
handduk
пешкир
dusch
туш
duschdraperi
завеса за туш
bubbelbad
пенушава купка
badkar
када
glas
чаша
tvättmaskin
машина за прање веша
kran
славина за воду
kakel
плочице
potta
тута
vask
судопер

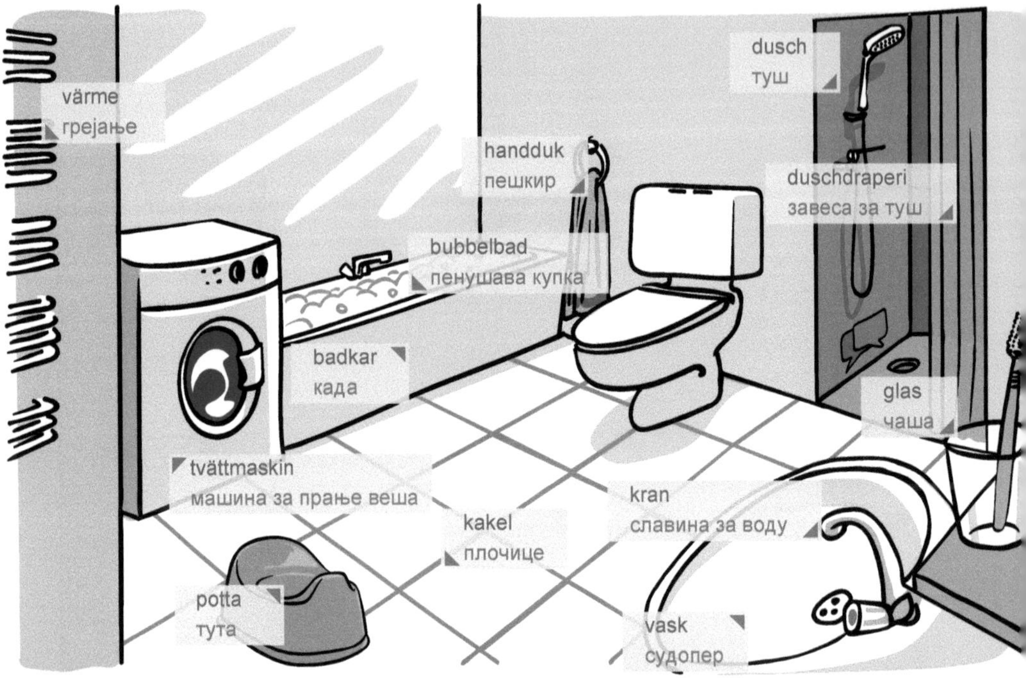

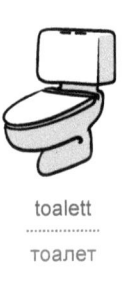

toalett

тоалет

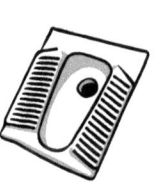

låg toalett

чучавац

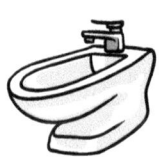

bidet

бидет

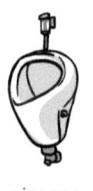

pissoar

писоар

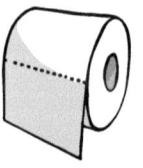

toalettpapper

тоалетни папир

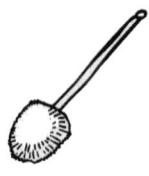

toalettborste

четка за тоалет

tandborste

четкица за зубе

tandkräm

паста за зубе

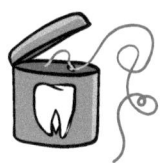

tandtråd

конац за зубе

tvätta

прати

handdusch

туш ручица

intimdusch

туш за прање интимних делова

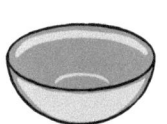

handfat

лавор

ryggborste

четка за прање леђа

tvål

сапун

duschgel

гел за туширање

schampo

шампон

trasa

крпа за прање

avlopp

одвод

crème

крема

deodorant

дезодоранс

spegel

огледало

handspegel

козметичко огледало

rakhyvel

бријач

raklödder

пена за бријање

rakvatten

лосион за после бријања

kam

чешаљ

borste

четка

hårtork

фен за косу

hårspray

спреј за косу

smink

шминка

läppstift

руж за усне

nagellack

лак за нокте

bomullsvadd

вата

nagelsax

маказе за нокте

parfym

парфем

badrum - купаоница

necessär

козметичка торбица

pall

столица

våg

вага

badrock

огртач

gummihandskar

рукавице за чишћење

tampong

тампон

binda

уложак

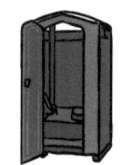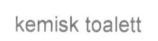

kemisk toalett

хемијски тоалет

barnrum
дечија соба

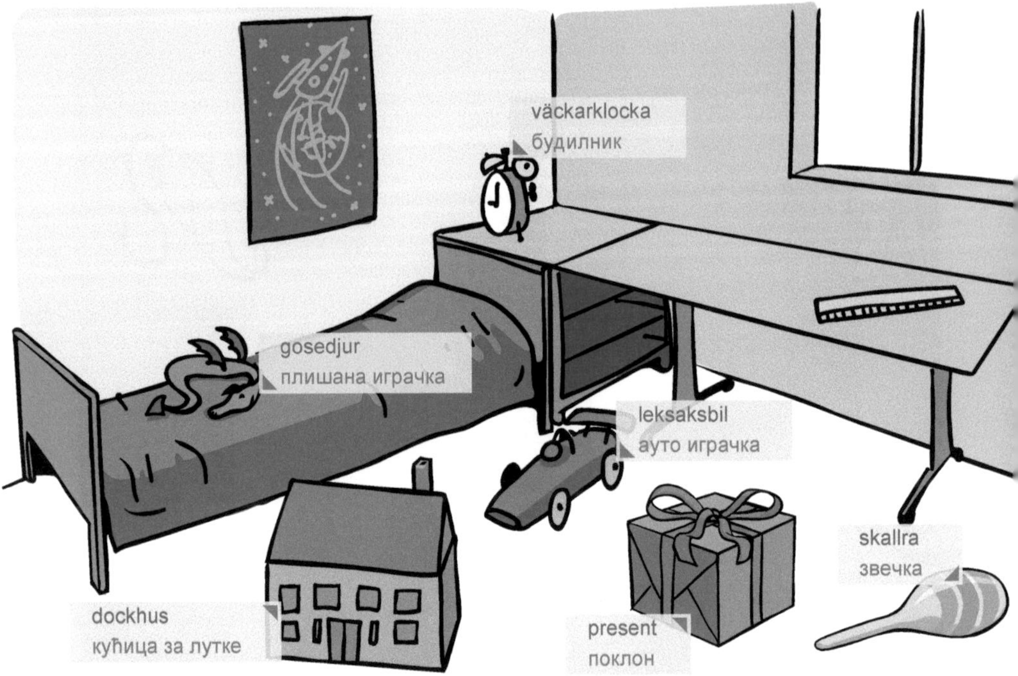
väckarklocka
будилник
gosedjur
плишана играчка
leksaksbil
ауто играчка
skallra
звечка
dockhus
кућица за лутке
present
поклон

ballong

балон

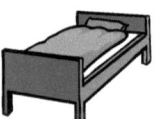

säng

кревет

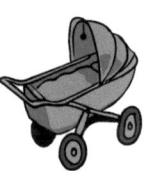

barnvagn

дјечија колица

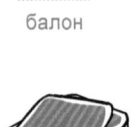

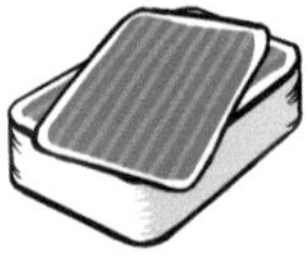

kortlek

игра са картама

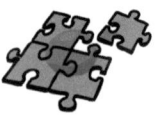

pussel

слагалица

serietidning

стрип

legobitar

лего коцкице

klossar

коцкице за слагање

actionfigur

акциони јунак

sparkdräkt

бенкица за бебе

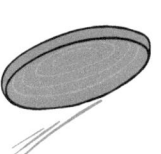

frisbee

фризби

mobil

висеће играчке

brädspel

друштвене игре

tärning

коцка

modelljärnväg

минијатурна жељезница

napp

дуда

party

забава

bilderbok

сликовница

boll

лопта

docka

лутка

spela

играти

sandlåda

пешчаник

gunga

љуљачка

leksaker

играчка

spelkonsol

конзола за игре

trehjuling

трицикл

nalle

теди

garderob

ормар

kläder

одећа

sockar

кратке чарапе

strumpor

чарапе

tights

хулахопке

halsduk
шал

paraply
кишобран

t-shirt
мајица

bälte
каиш

stövlar
чизме

tofflor
папуче

sneakers
патике

sandaler
....
сандале

skor
....
ципеле

gummistövlar
....
гумене чизме

underbyxor
....
гаћице

BH
....
грудњак

linne
....
поткошуља

body

боди

byxor

панталоне

jeans

фармерке

kjol

сукња

blus

блуза

skjorta

кошуља

pullover

џемпер

sweater

џемпер с капуљачом

blazer

сако

jacka

јакна

kappa

мантил

regnjacka

кабаница

dräkt

костим

klänning

хаљина

bröllopsklänning

венчаница

kostym

одело

nattlinne

спаваћица

pyjamas

пиџама

sari

сари

slöja

марама за главу

turban

турбан

burka

бурка

kaftan

кафтан

abaya

абаја

baddräkt

купаћи костим

badbyxor

купаће гаћице

shorts

кратке панталоне

träningsoverall

одећа за тренинг

förkläde

кецеља

handskar

рукавице

knapp

дугме

glasögon

наочаре

armband

наруквица

halsband

огрлица

ring

прстен

örhänge

наушница

mössa

капа

galge

вешалица

hatt

шешир

slips

кравата

dragkedja

патент затварач

hjälm

кацига

hängslen

нараменице

skoluniform

школска униформа

uniform

униформа

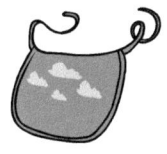

haklapp

подбрадак

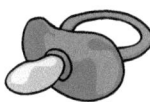

napp

дуда

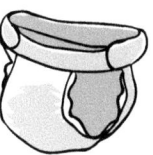

blöja

пелена

kontor

канцеларија

server
сервер
dokumentskåp
ормар за списе
skrivare
штампач
papper
папир
bildskärm
монитор
mus
миш
skrivbord
писаћи сто
mapp
мапа
tangentbord
тастатура
papperskorg
корпа за папир
dator
компјутер
stol
столица

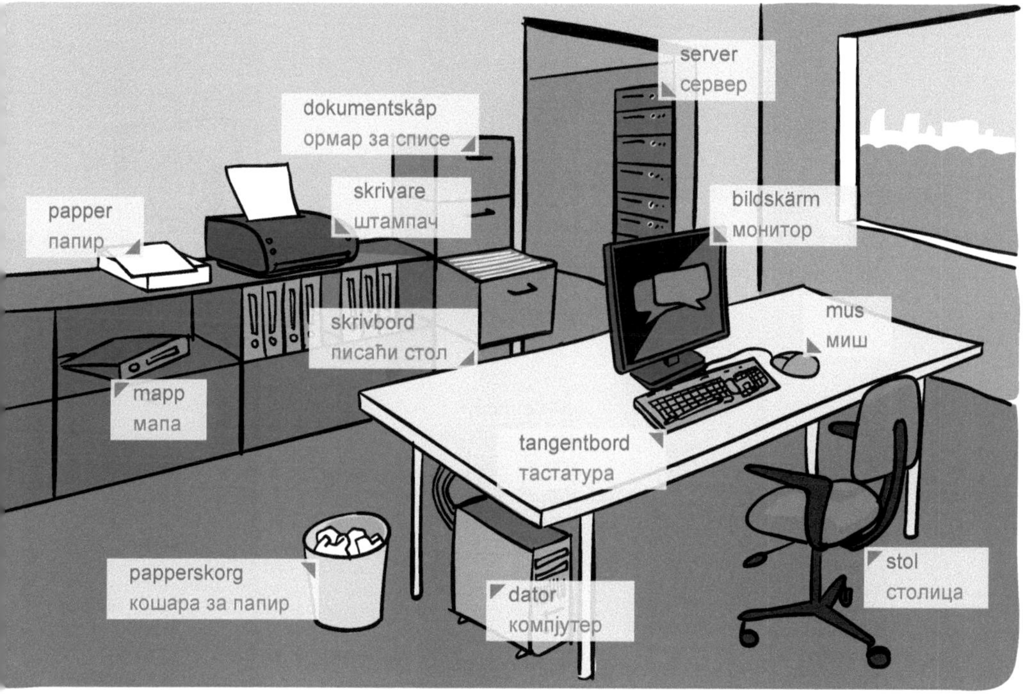

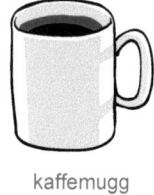

kaffemugg

шалица за каву

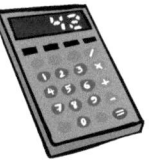

miniräknare

калкулатор

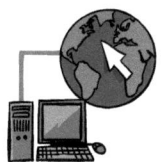

internet

интернет

bärbar dator

лаптоп

brev

писмо

meddelande

порука

mobiltelefon

мобилни телефон

nätverk

мрежа

kopieringsapparat

уређај за копирање

programvara

софтвер

telefon

телефон

vägguttag

утичница

fax

факс

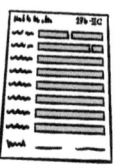

blankett

формулар

dokument

документ

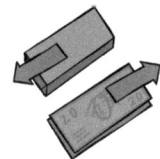

köpa

куповати

betala

платити

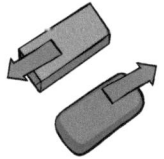

handla

трговати

pengar

новац

dollar

долар

euro

евро

yen

јен

rubel

рубља

schweizisk franc

швајцарски франак

renminbi yan

ренминдби јуан

rupie

рупија

bankomat

аутомат за новац

växelkontor

мењачница

guld

злато

silver

сребро

olja

нафта

energi

енергија

pris

цена

kontrakt

уговор

skatt

порез

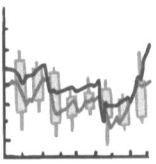

aktie

деонице

arbeta

радити

anställd

службеник

arbetsgivare

послодавац

fabrik

фабрика

affär

продавница

yrken
занимања

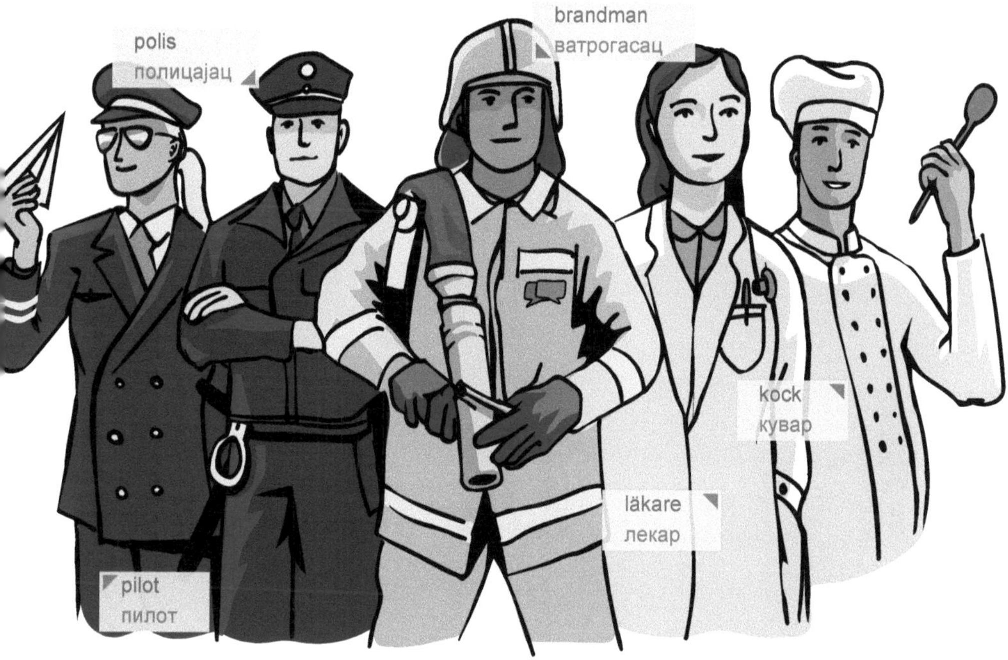
brandman
ватрогасац
polis
полицајац
kock
кувар
läkare
лекар
pilot
пилот

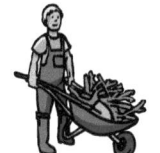

trädgårdsmästare

вртлар

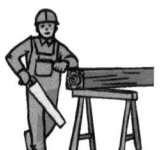

snickare

столар

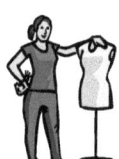

sömmerska

кројачица

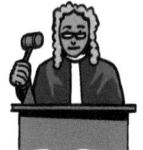

domare

судија

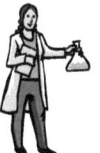

kemist

хемичар

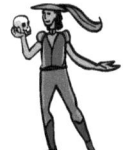

skådespelare

глумац

busschaufför

возач аутобуса

taxichaufför

возач таксија

fiskare

рибар

städerska

чистачица

takläggare

кровопокривач

servitör

конобар

jägare

ловац

målare

сликар

bagare

пекар

elektriker

електричар

byggarbetare

грађевински радник

ingenjör

инжењер

slaktare

месар

rörmokare

лимар

brevbärare

поштар

soldat

војник

arkitekt

архитекта

kassör

благајник

florist

цвећар

frisör

фризер

konduktör

кондуктер

mekaniker

механичар

kapten

капетан

tandläkare

зубар

vetenskapsman

научник

rabbin

раби

imam

имам

munk

монах

präst

свећеник

verktyg
алати

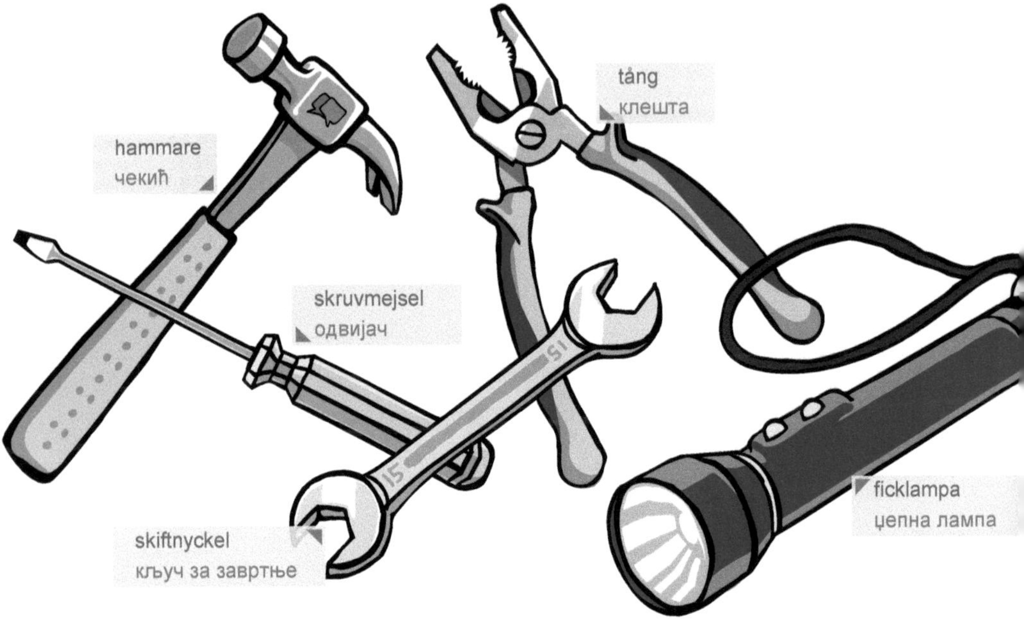

hammare
чекић
tång
клешта
skruvmejsel
одвијач
ficklampa
џепна лампа
skiftnyckel
кључ за завртње

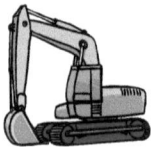

grävmaskin

багер

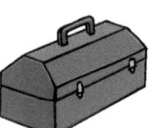

verktygslåda

кутија за алат

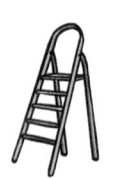

stege

мердевине

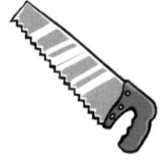

såg

пила

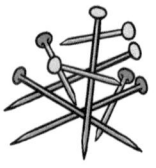

spik

ексер

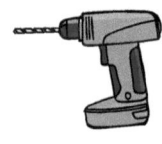

borr

бушилица

reparera

поправити

spade

лопата

Helvete!

до ђавола!

sopskyffel

лопатица

färgburk

лонац за боју

skruvar

завртањи

musikinstrument
музички инструмент

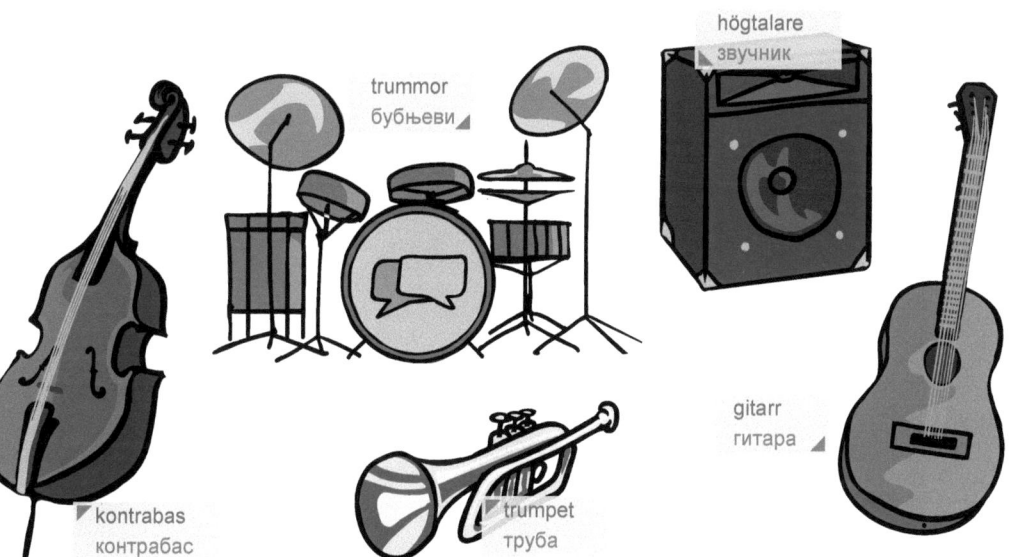

högtalare
звучник

trummor
бубњеви

kontrabas
контрабас

trumpet
труба

gitarr
гитара

piano

клавир

violin

виолина

bas

бас

timpani

тимпани

trumma

удараљке за бубњеве

keyboard

типке клавира

saxofon

саксофон

flöjt

флаута

mikrofon

микрофон

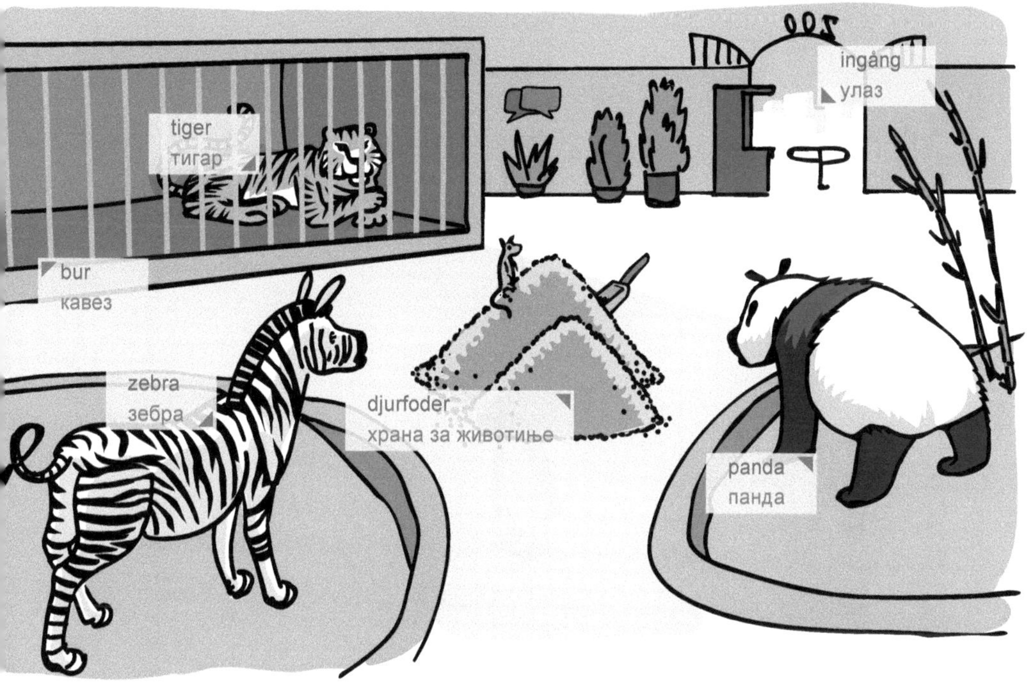

ingång
улаз

tiger
тигар

bur
кавез

zebra
зебра

djurfoder
храна за животиње

panda
панда

djur

животиње

elefant

слон

känguru

кенгур

noshörning

носорог

gorilla

горила

björn

медвед

kamel

камила

struts

ној

lejon

лав

apa

мајмун

flamingo

фламинго

papegoja

папагај

isbjörn

поларни медвед

pingvin

пингвин

haj

ајкула

påfågel

паун

orm

змија

krokodil

крокодил

djurskötare

чувар у зоолошком врту

säl

туљан

jaguar

јагуар

ponny

пони

leopard

леопард

flodhäst

нилски коњ

giraff

жирафа

örn

орао

vildsvin

дивља свиња

fisk

риба

sköldpadda

корњача

valross

морж

räv

лисица

gazell

газела

amerikansk fotboll
амерички ногомет

cykling
бициклизам

tennis
тенис

basket
кошарка

simning
пливање

boxning
бокс

ishockey
хокеј на леду

fotboll
фудбал

badminton
бадминтон

friidrott
атлетика

handboll
рукомет

skidåkning
скијање

polo
поло

hoppa / скочити

krama / загрлити

skratta / смејати се

gå / ићи

sjunga / певати

be / молити се

kyssa / пољубити

drömma / сањати

skriva
писати

rita
цртати

visa
показати

skjuta
гурати

ge
дати

ta
узети

hagel

имати

göra

чинити

vara

бити

stå

стојати

springa

трчати

dra

повлачити

kasta

бацити

falla

падати

ligga

лежати

vänta

чекати

bära

носити

sitta

седити

klä på

облачити

sova

спавати

vakna

пробудити се

se på
гледати

gråta
плакати

smeka
миловати

kamma
чешљати

prata
говорити

förstå
разумети

fråga
питати

höra
слушати

dricka
пити

äta
јести

städa
поспремити

älska
волети

laga mat
кухати

köra
возити

flyga
летети

segla

пловити

räkna

рачунати

läsa

читати

lära sig

учити

arbeta

радити

gifta sig

венчати се

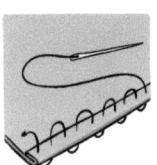

sy

шити

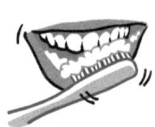

borsta tänderna

прати зубе

döda

убити

röka

пушити

skicka

послати

familj

породица

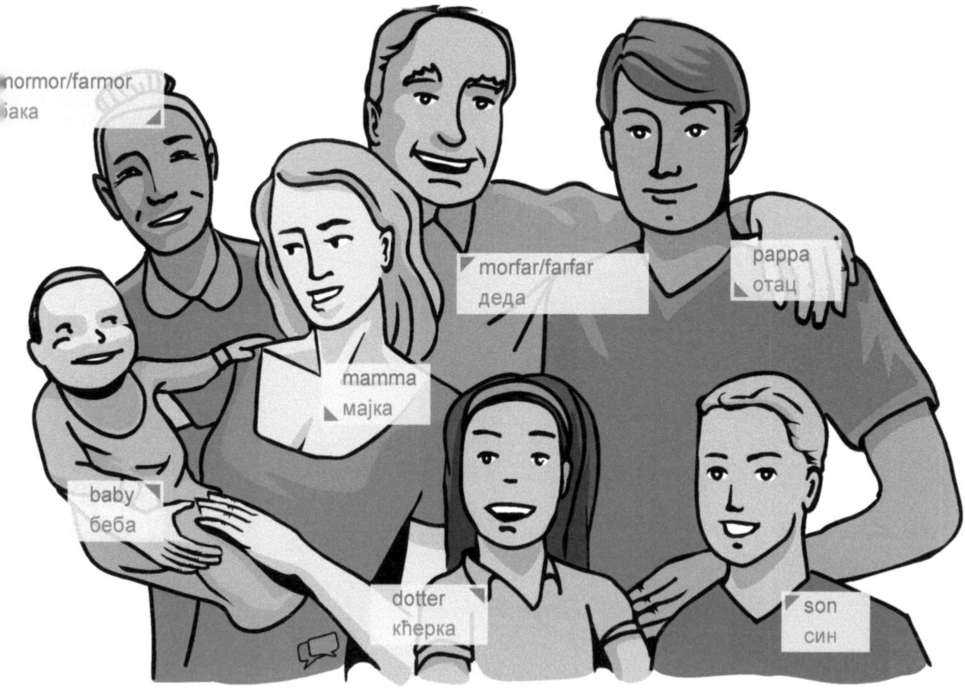

ormor/farmor
ака
morfar/farfar
деда
pappa
отац
mamma
мајка
baby
беба
dotter
кћерка
son
син

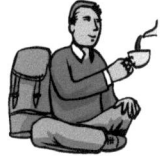

gäst

гост

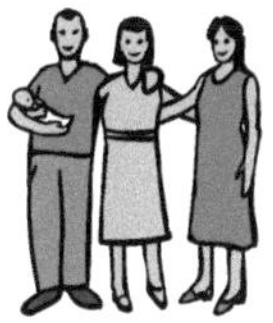

moster/faster

тетка

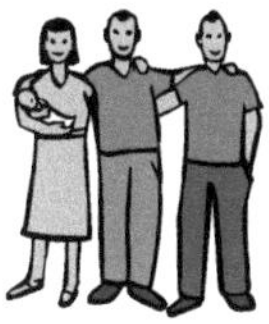

farbror/morbror

ујак, стриц

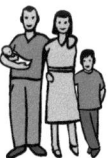

bror

брат

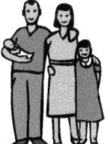

syster

сестра

kropp

тело

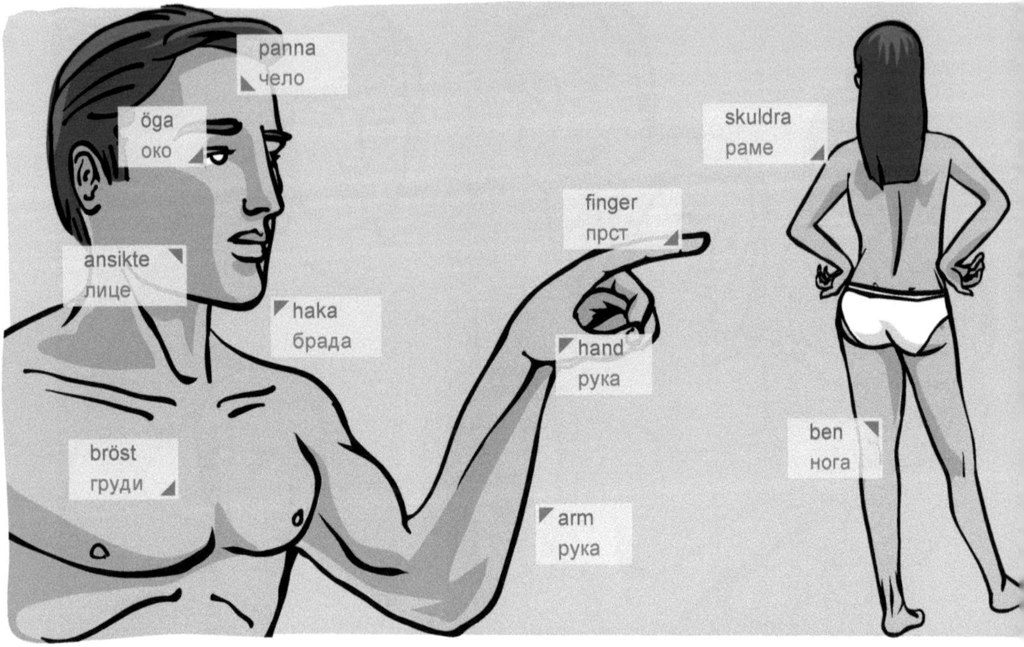
panna
чело
öga
око
skuldra
раме
finger
прст
ansikte
лице
haka
брада
hand
рука
ben
нога
bröst
груди
arm
рука

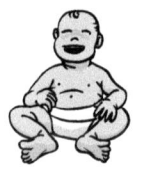

baby
беба

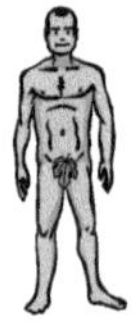

man
мушкарац

kvinna
жена

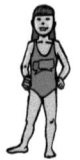

flicka
девојчица

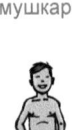

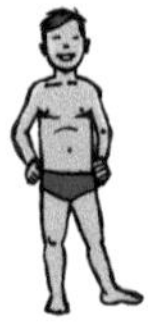

pojke
дечак

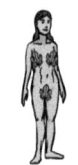

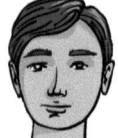

huvud
глава

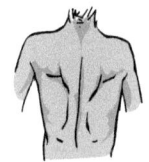

rygg

леђа

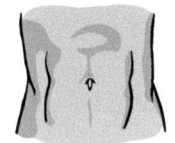

mage

стомак

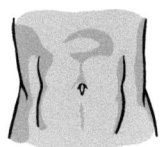

navel

пупак

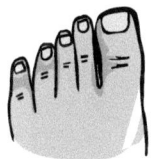

tå

ножни прст

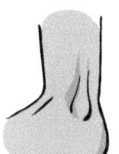

häl

пета

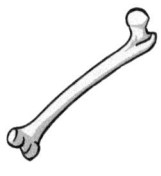

ben

кост

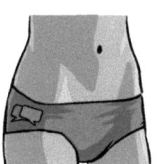

höft

кукови

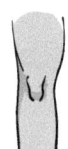

knä

колено

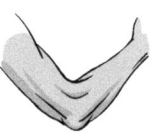

armbåge

лакат

näsa

нос

stjärt

задњица

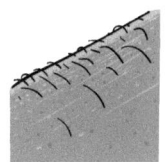

hud

кожа

kind

образ

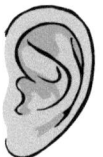

öra

уво

läpp

усна

mun

уста

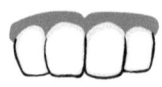

tand

зуб

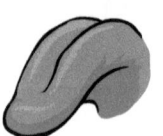

tunga

језик

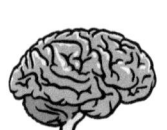

hjärna

мозак

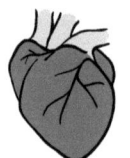

hjärta

срце

muskel

мишић

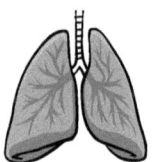

lunga

плућа

lever

јетра

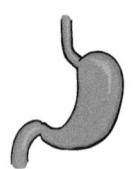

magsäck

желудац

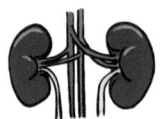

njurar

бубрези

sex

полни однос

kondom

кондом

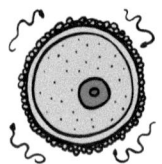

äggcell

јајна ћелија

sperma

сперма

graviditet

трудноћа

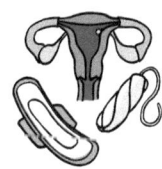

menstruation

менструација

vagina

вагина

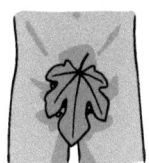

penis

пенис

ögonbryn

обрва

hår

коса

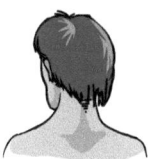

nacke

врат

sjukhus
болница

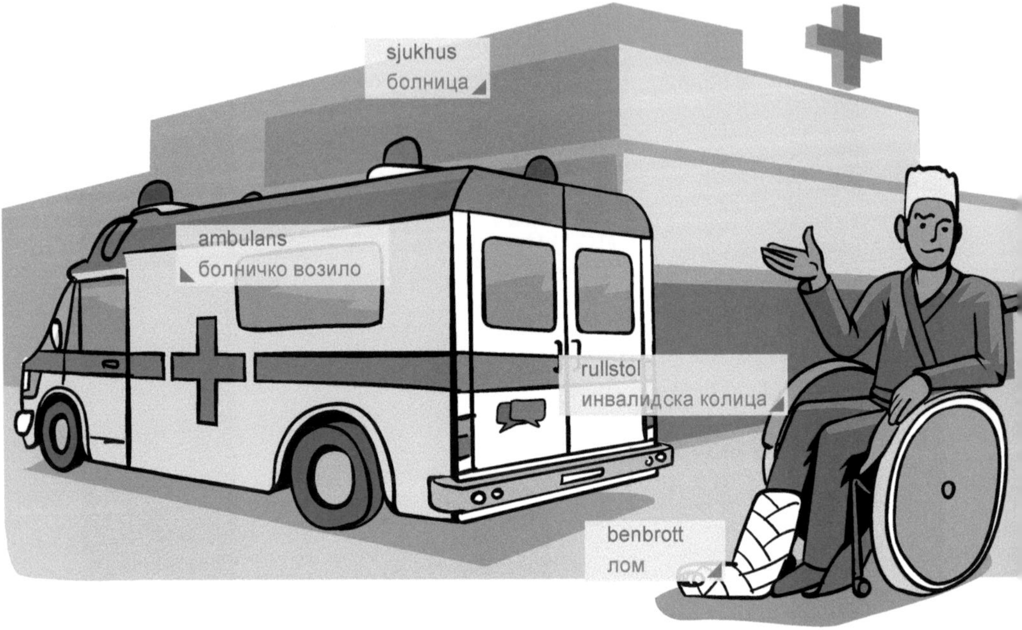

sjukhus
болница
ambulans
болничко возило
rullstol
инвалидска колица
benbrott
лом

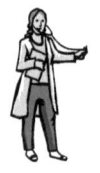

läkare

лекар

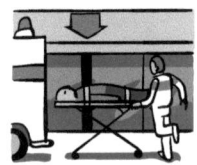

akutmottagning

хитна медицинска служба

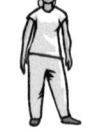

sjuksköterska

медицинска сестра

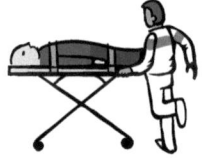

nödsituation

хитни случај

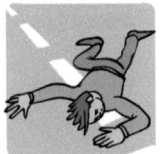

medvetslös

несвест

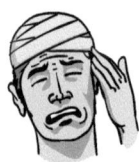

smärta

бол

skada

повреда

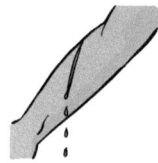

blödning

крварење

hjärtattack

срчани удар

slaganfall

удар

allergi

алергија

hosta

кашаљ

feber

грозница

influensa

грипа

diarré

пролив

huvudvärk

главобоља

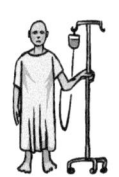

cancer

рак

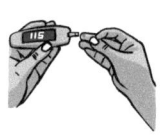

diabetes

дијабетес

kirurg

хирург

skalpell

скалпел

operation

операција

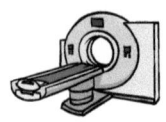

CT
цт

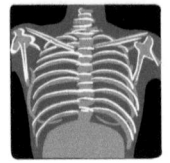

röntgen
рентген

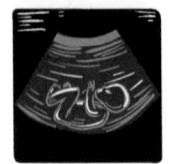

ultraljud
ултразвук

ansiktsmask
маска

sjukdom
болест

väntsal
чекаона

krycka
штака

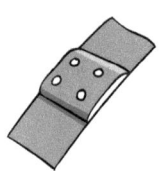

plåster
фластер

bandage
завоj

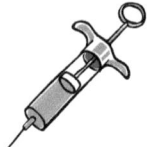

injektion
ињекција

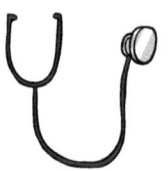

stetoskop
стетоскоп

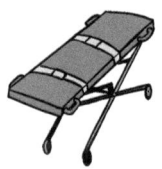

bår
носила

termometer
термометар

födsel
рођење

övervikt
прекомерна тежина

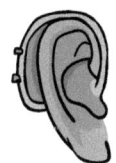

hörapparat

слушни апарат

desinfektionsmedel

средство за дезинфекцију

infektion

инфекција

virus

вирус

HIV / AIDS

хив / аидс

medicin

медицина

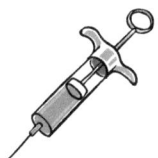

vaccination

вакцинација

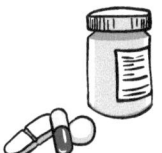

tabletter

таблете

p-piller

пилула

nödsamtal

хитни позив

blodtrycksmätare

уређај за мерење притиска

sjuk / frisk

болесно / здраво

Hjälp!

помоћ!

alarm

аларм

överfall

насртај

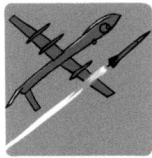

misshandel

напад

fara

опасност

nödutgång

излаз у случају нужде

Det brinner!

пожар!

brandsläckare

противпожарни апарат

olycka

незгоца

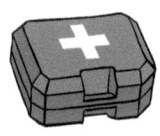

förbandslåda

кутија прве помоћи

SOS

сос

polis

полиција

Europa

Европа

Nordamerika

Северна Америка

Sydamerika

Јужна Америка

Afrika

Африка

Asien

Азија

Australien

Аустралија

Atlanten

Атлантик

Stilla Havet

Пацифик

Indiska Oceanen

Индијски океан

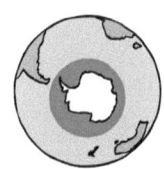

Antarktiska Oceanen

Антарктички океан

Arktiska Oceanen

Арктички океан

Nordpol

Северни рол

Sydpol

Јужни рол

Antarktis

Антарктик

Jorden

земља

land

земља

hav

море

ö

оток

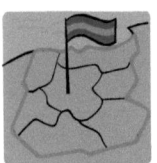

nation

нација

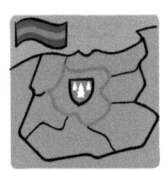

stat

држава

urtavla

бројчаник сата

timvisare

сатна казаљка

minutvisare

минутна казаљка

sekundvisare

секундна казаљка

Vad är klockan?

Колико је сати?

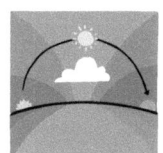

dag

дан

tid

време

nu

сада

digital klocka

дигитални сат

minut

минута

timme

час

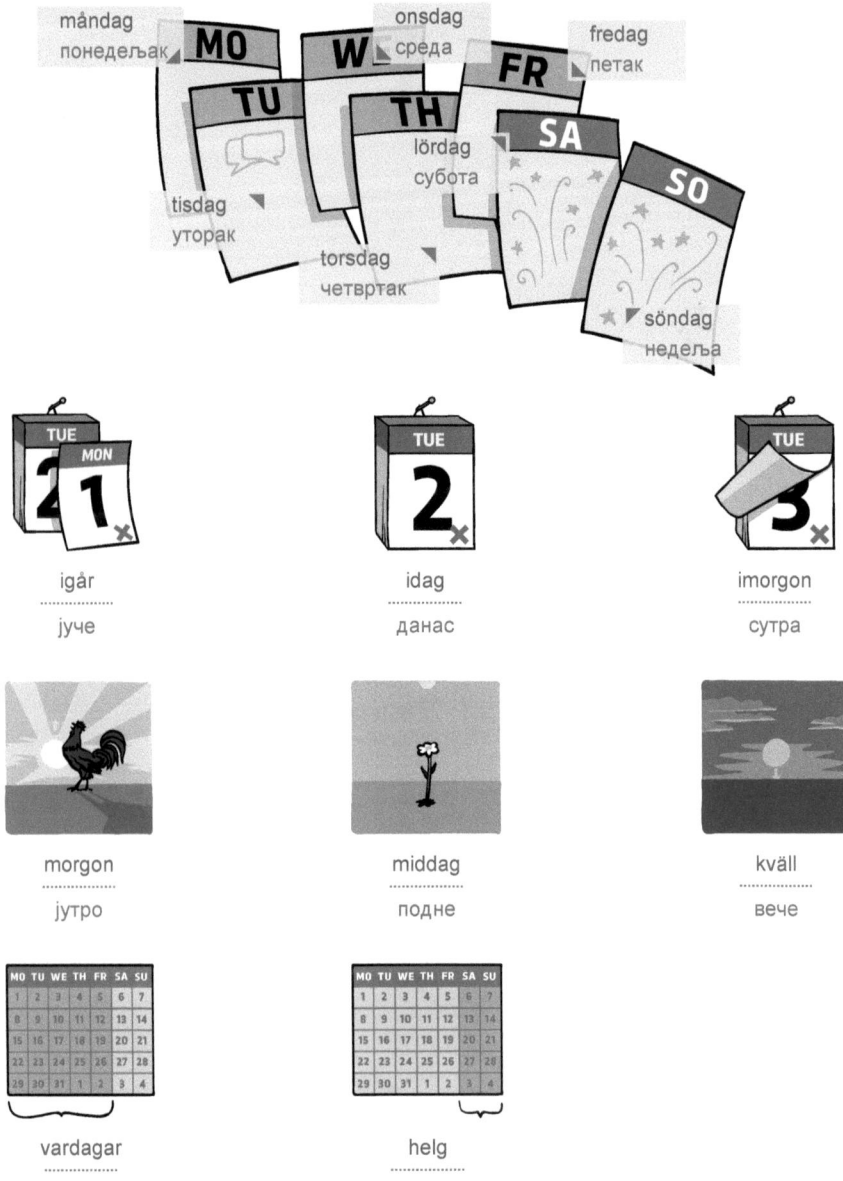

igår	idag	imorgon
јуче	данас	сутра

morgon	middag	kväll
јутро	подне	вече

vardagar	helg
радни дани	викенд

år

година

regn
киша
regnbåge
дуга
vind
ветар
snö
снег
vår
пролеће
höst
јесен
sommar
лето
vinter
зима

4.APRIL 11°
5.APRIL 4°
6.APRIL 13°
7.APRIL 8°
8.APRIL 10°

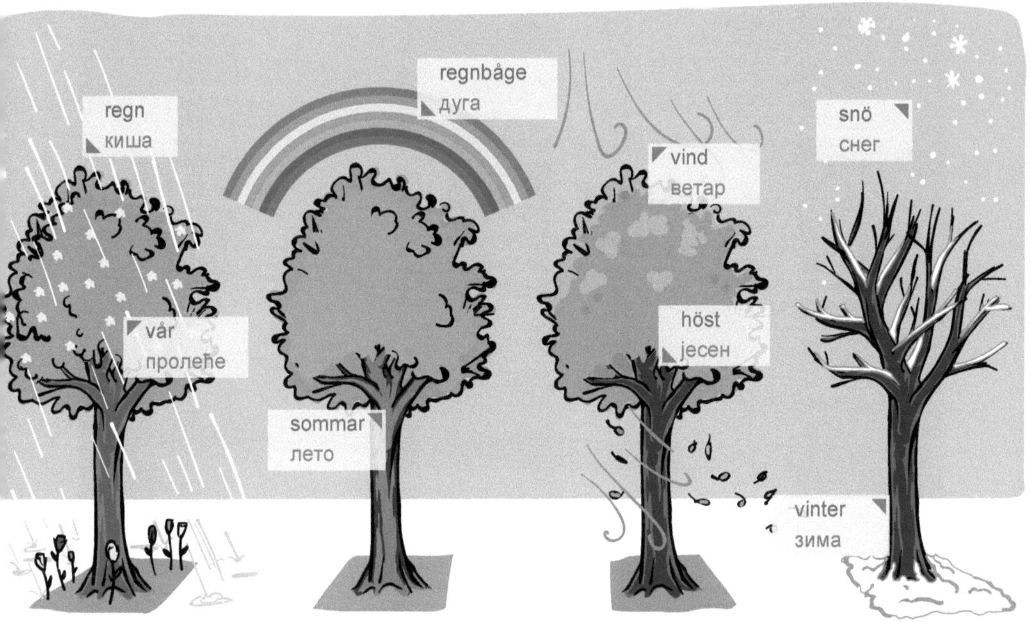

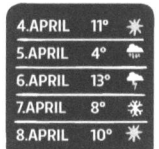

väderprognos

метеоролошка прогноза

F C
120 40
90 30
60 20
30 10
0 0
-30 -10
-20

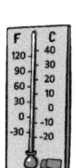

termometer

термометар

solsken

сунчана светлост

moln

облак

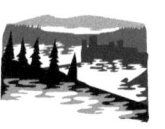

dimma

магла

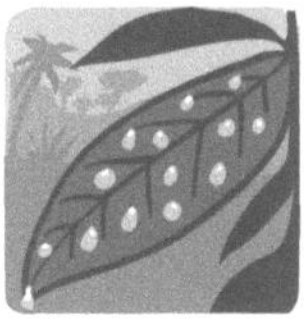

luftfuktighet

влажност ваздуха

blixt

муња

åska

грмљавина

storm

олуја

hagel

туча

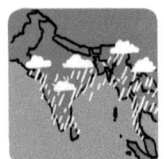

monsun

монсун

översvämning

поплава

is

лед

januari

јануар

februari

фебруар

mars

март

april

април

maj

мај

juni

јуни

juli

јули

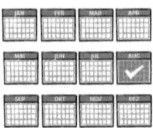

augusti

август

år - година

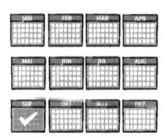

september

септембар

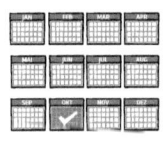

oktober

октобар

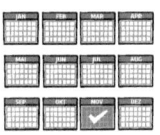

november

новембар

december

децембар

former

облици

cirkel

круг

kvadrat

квадрат

rektangel

правоугао

triangel

троугао

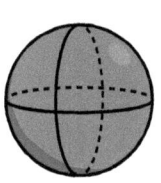

sfär

кугла

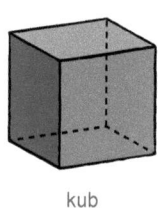

kub

коцка

vit

бела

gul

жута

orange

наранџаста

rosa

ружичаста

röd

црвена

lila

љубичаста

blå

плава

grön

зелена

brun

смеђа

grå

сива

svart

црна

mycket / lite

много / мало

arg / lugn

љутито / мирно

vacker / ful

лепо / ружно

början / slut

почетак / крај

stor / liten

велико / малено

ljus / mörk

светло / тамно

bror / syster

брат / сестра

ren / smutsig

чисто / прљаво

komplett / ofullständig

потпуно / непотпуно

dag / natt

дан / ноћ

död / levande

мртво / живо

bred / smal

широко / уско

ätlig / oätlig

јестиво / нејестиво

ond / god

зло / добро

upphetsad / uttråkad

узбуђено / досадно

tjock / smal

дебело / мршаво

först / sist

на почетку / на крају

vän / fiende

пријатељ / непријатељ

full / tom

пуно / празно

hård / mjuk

тврдо / мекано

tung / lätt

тешко / лагано

hunger / törst

глад / жеђ

sjuk / frisk

болесно / здраво

olaglig / laglig

илегално / легално

intelligent / dum

паметно / глупо

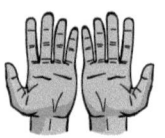

vänster / höger

лево / десно

nära / långt bort

близу / далеко

ny / begagnad

ново / половно

inget / något

ништа / нешто

gammal / ung

старо / младо

på / av

укључено / искључено

öppen / stängd

отворено / затворено

tyst / högljudd

тихо / гласно

rik / fattig

богато / сиромашно

rätt / fel

тачно / погрешно

grov / slät

храпаво / глатко

ledsen / glad

тужно / сретно

kort / lång

кратко / дуго

långsam / snabb

полако / брзо

våt / torr

мокро / сухо

varm / sval

топло / хладно

krig / fred

рат / мир

0	1	2
noll	ett	två
нула	један	два

3	4	5
tre	fyra	fem
три	четири	пет

6	7	8
sex	sju	åtta
шест	седам	осам

9	10	11
nio	tio	elva
девет	десет	једанаест

12
tolv
дванаест

13
tretton
тринаест

14
fjorton
четрнаест

15
femton
петнаест

16
sexton
шестнаест

17
sjutton
седамнаест

18
arton
осамнаест

19
nitton
деветнаест

20
tjugo
двадесет

100
hundra
стотину

1.000
tusen
хиљаду

1.000.000
miljon
милион

engelska

енглески

amerikansk engelska

амерички енглески

kinesisk mandarin

мандарински кинески

hindi

хиндски

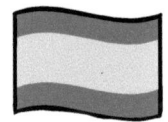

spanska

шпански

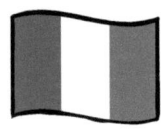

franska

француски

arabiska

арапски

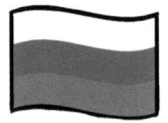

ryska

руски

portugisiska

португалски

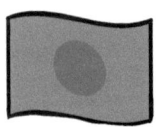

bengali

бенгалски

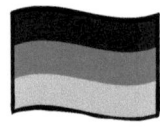

tyska

немачки

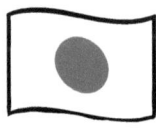

japanska

јапански

jag

ja

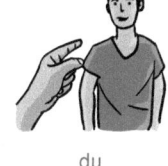

du

ти

han / hon / den (det)

он / она / оно

vi

ми

ni

ви

de

они

vem?

Ко?

vad?

Шта?

hur?

Како?

var?

Где?

när?

Када?

namn

име

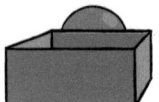

bakom

иза

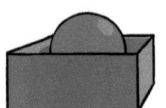

i

у

framför

испред

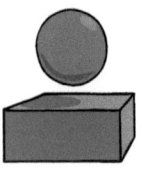

över

преко

på

на

under

испод

bredvid

поред

mellan

између

plats

место